中国的能源转型

（2024 年 8 月）

中 华 人 民 共 和 国
国务院新闻办公室

人 民 出 版 社

目 录

前　言

能源是人类赖以生存和发展的重要物质基础,能源低碳发展关乎人类未来。工业革命以来,化石能源大规模开发利用有力推动了人类文明进步,但也产生资源枯竭、气候变化、地缘政治冲突等问题。加快能源转型发展,实现能源永续利用,持续增进民生福祉,为世界经济提供不竭动力,已成为各国共识。

新中国成立 75 年来,能源事业加快发展,中国已成为世界上最大的能源生产国和消费国。党的十八大以来,中国能源进入高质量发展新阶段。2014 年,习近平总书记提出推动能源消费革命、供给革命、技术革命、体制革命和全方位加强国际合作的"四个革命、一个合作"能源安全新战略,为新时代能源发展指明了前进方向、提供了根本遵循。在能源安全新战略指引下,中国走出了一条符合国情、顺应全球发展大势、适应时代要求的能源转型之路。

中国的能源转型,立足于高质量发展,加快构建清洁低碳、安全高效的新型能源体系,为经济社会发展提供坚强的能源保障,不断满足人民日益增长的美好生活需要。

中国的能源转型,着眼于生态文明建设,加快形成节约高效、绿色普惠的能源消费新模式,协同推进降碳减污扩绿增长,推动实现人与自然和谐共生。

中国的能源转型,服务于构建人类命运共同体,持续深化绿色能源国际合作,积极做全球能源转型的推动者,携手各国共建可持续能源的未来。中国尊重发展中国家自主选择符合国情的转型路径,以公平、公正、有序方式推进能源转型。

为全面介绍十年来中国能源转型取得的历史性成就,分享中国能源转型的实践做法,发布本白皮书。

一、新时代中国能源转型之路

当今世界,新一轮科技革命和产业变革深入推进,绿色低碳、数智化、可持续发展成为时代主题。各国经济发展阶段、资源禀赋不同,如何统筹能源安全稳定供应和绿色低碳转型既是共同的目标,也是面临的难题。中国提出能源安全新战略,推动能源转型取得显著成效,回答了世界之问、时代之问,展现了中国之治、大国担当。

(一) 能源转型是必由之路

能源的开发利用,是人与自然互动的重要方面。纵观人类社会发展史,人类文明的每一次重大进步,往往伴随着能源开发利用方式的变革、主体能源的更替。

经过长期发展,中国建立了煤、油、气、核、水、风、光等全面发展的能源供给体系,为经济社会持续快速发展提供澎湃动力。当前,中国开启全面建设社会主义现代化国家新征程,对能源高质量发展提出新要求。中国是世界上最大的发展中国家,但人均用能水平不高,工业化、城镇化尚未完成,未来一段时间能源需求仍将增长;产业结构偏重、能源结构偏煤,资源环境约束长期存在。应对这些困难挑战,根本要靠能源转型。

中国的能源转型,注重加快转变能源发展方式、转换能源发展动力,推动主体能源从化石能源向非化石能源更替,这是破解资源环境约束、实现碳达峰碳中和目标的迫切需要;是抢抓新一轮科技和产业变革机遇,加快培育新质生产力的迫切需要;是推动形成绿色生产方式和生活方式,实现经济社会高质量发展的迫切需要;是主动担当大国责任、推动构建人类命运共同体的迫切需要。中国推进能源转型,不是别人让我们做,而是我们自己要做;也不是能不能做,而是必须做。

(二)坚定不移加快能源转型

中国顺应全球能源发展大势,坚定不移贯彻落实能源安全新战略,着眼于促进人与自然和谐共生、开创人类文明新形态,推动能源发展方式逐步从资源依赖型向创新驱动型转变,走出了一条符合中国国情、适应时代要求的能源转型之路。中国的能源转型,坚持以下理念原则:

——坚持人民至上。能源与人民生活息息相关。中国坚持以人民为中心的发展思想，持续提升全社会能源普遍服务水平，为更好满足人民美好生活需要提供清洁可靠的用能保障，不断增强人民群众的获得感、幸福感、安全感。

——坚持绿色低碳。既要绿水青山，也要金山银山，能源转型是关键。坚持走生态优先、绿色低碳的发展道路，着力促进人与自然和谐共生，把能源转型作为经济社会发展重要目标。把节约能源资源放在首位，实施全面节约战略，充分用好一克煤、一滴油、一度电，不断提升能源利用效率。以绿色低碳为导向，大力实施可再生能源替代，加快构建以非化石能源为主体的能源供给体系。

——坚持立足国情。能源的饭碗必须端在自己手里，立足国内增强能源自主保障能力。坚持先立后破、通盘谋划，传统能源逐步退出必须建立在新能源安全可靠替代的基础上，加强能源产供储销体系建设，补足能源储备调节短板，发挥化石能源兜底保障作用，有效应对能源安全风险挑战。

——坚持创新引领。创新是打开能源转型之门的"金钥匙"。加快实施创新驱动发展战略，加强关键核心技术攻关，加快能源技术、产业、商业模式创新，推动新能源技术及其关联产业成为带动产业升级的新增长点,培育壮大新质生产力。深化能源市场化改革,充分发挥市场在资源配置中的决定性作用,更好发挥政府作用,激发各类经营主体活力。

——坚持开放合作。推动可持续发展、应对气候变化,是人类面临的共同挑战。秉持人类命运共同体理念,扩大能源领域高水平对外开放,全方位加强能源国际合作,构建能源绿色低碳转型共赢新模式。深度参与全球能源治理变革,推动建立公平公正、均衡普惠的全球能源治理体系。

(三)中国能源转型发展取得显著成就

十年来,在能源安全新战略指引下,中国深入推进能源生产和消费方式变革,能源供给保障能力全面提升,能源绿色低碳发展实现历史性突破,有力保障了经济社会高质量发展,更好满足了人民日益增长的美好生活需要,有效支撑了美丽中国建设。

中国能源转型推动清洁能源发展驶入快车道。2023年,清洁能源消费比重达到26.4%,较2013年提高10.9个百分点,煤炭消费比重累计下降12.1个百分点。发电总装机容量达到29.2亿千瓦,其中,清洁能源发电装机容量达到 17 亿千瓦,占发电装机总量的 58.2%。清洁能源发电量约 3.8 万亿千瓦时,占总发电量比重为 39.7%,比 2013 年提高了 15 个百分点左右。十年来,新增清洁能源发电量占全社会用电增量一半以上,中国能源含"绿"量不断提升。

中国能源转型支撑经济社会高质量发展。能源饭碗越端越牢,一次能源生产能力十年增长了 35%,有力支撑了我国经济平稳健康发展。十年来,能源领域固定资产投资累计约 39 万亿元,显著拉动了上下游产业链及相关产业的投资增长。一系列能源领域重大工程建成投产,建立起完备的能源装备制造产业链,新能源、水电、核电、输变电、新型储能等领域技术创新加快,推动清洁能源产业成长为现代化产业体系的新支柱。

中国能源转型保障人民美好生活需要。十年来,能源供需保持平衡,能源价格总体平稳,14 亿多人的能源安全得到有效保障。全国人均生活用电量从约 500 千瓦时增长到接近 1000 千瓦时,翻了一番,天然气用户达 5.6 亿人,在世界银行全球营商环境评价中"获得电力"指标排名上升到第 12 位。能源产业全面助推脱贫攻坚和乡村振兴。农村电网改造升级中央预算内总投资超千亿元,带动地方和企业加大资金投入,2015 年历史性解决全国无电人口用电问题。农村地区户用光伏规模达到 1.2 亿千瓦,涉及农户超过 550 万户,每年可为农户增收 110 亿元,增加就业岗位约 200 万个。不断满足群众绿色用能需求,2023 年底,北方地区清洁取暖率近 80%,全国充电基础设施从不到 10 万台增加到近 860 万台。

中国能源转型与生态环境高水平保护协同推进。十年来,煤电平均供电煤耗降至 303 克标准煤/千瓦时,先进机组的二氧化硫、氮氧化物排放水平与天然气发电机组限值相当。2013—2023 年,单位国内生产总值能耗累计下降超过 26%。持续推进成品油质量升级,成品油质量达到世界先进水平。全国燃煤锅炉减少 80% 以上,京津冀及周边地区、汾渭平原基本完成平原地区冬季取暖散煤替代。能源资源实现绿色集约化开发,绿色开发技术广泛应用,矿山生态环境得到明显改善。在沙漠、戈壁、荒漠及采煤沉陷区推广"光伏+"生态修复新模式。$PM_{2.5}$ 平均浓度累计下降 54%,重污染天数下降了 83%,有效支撑了美丽中国建设。

中国能源转型为全球能源转型、共建清洁美丽世界作出重要贡献。2023 年中国能源转型投资达 6760 亿美元,是全球能源转型投资最多的国家。十年来,中国向全球提供优质的清洁能源产品和服务,持续加大科技创新力度,不断推动新能源技术快速迭代,有力促进全球风电、光伏成本大幅下降。中国持续扩大开放合作,与100多个国家和地区开展绿色能源项目合作,核电、水电、新能源等一大批标志性项目接连建成投产,2023年出口风电光伏产品助力其他国家减排二氧化碳约8.1亿吨。中国新能源产业不仅丰富了全球供给,缓解了全球通胀压力,也为全球应对气候变化和绿色转型作出了突出贡献。

二、厚植能源绿色消费的底色

绿色是生态文明的底色。中国牢固树立和践行绿水青山就是金山银山的理念，从人与自然和谐共生的高度谋划发展方式转型，着力转变对能源资源的路径依赖，推动经济社会发展全面绿色转型。

（一）强化节能降碳制度约束

始终坚持节能优先方针，抑制不合理能源消费，在转变资源利用方式、提高资源利用效率上下功夫。

用好能耗双控指挥棒。实施能耗双控是中国加快生态文明建设、推动高质量发展的重要制度性安排。中国适应经济社会发展新形势，将能耗强度下降作为约束性指标，并推动向碳排放双控转变。十年来，中国通过产业结构调整和优化升级，大力发展节能降碳技术和产业，全面提高能源效率，能耗强度持续下降，累计节约能源消费约 14 亿吨标准煤，减少二氧化碳排放约 30 亿吨。

构建立体化节能管理体系。深入实施《中华人民共和国节约能源法》《中华人民共和国循环经济促进法》等法律法规,建立完善固定资产投资项目节能审查、节能监察等制度体系,明确重点行业、重点企业节能管理要求,加强重点用能单位节能管理,实施能效"领跑者"制度,提升各主体节能提效内生动力。发挥税收、金融等政策杠杆作用,引导全社会加大节能提效投入力度。

创新市场化节能方式。强化能效标准标识管理制度,不断推动节能领域标准制修订,以标准引领各环节各领域节能提效。截至2023年底,共计发布能耗限额、产品能效等国家标准335项,能效标识覆盖5大用能领域44类用能产品。积极推进合同能源管理等市场化机制,推广节能咨询、诊断、设计、融资、改造、托管等"一站式"综合服务模式,2023年节能服务产业总产值超过5000亿元,比2013年翻了一番。

(二) 推动重点领域节能提效

节能提效要啃"硬骨头"。工业、建筑、交通运输、公共机构等作为全社会能源消耗的主体,是节能提效工作的"基本盘"。通过全面实施节能标准、推广先进能效产品、淘汰落后产能,重点领域能效水平持续提升。

深挖工业领域节能潜力。工业企业是节能提效的重中之重,持续推动工业领域淘汰落后产能和节能技术改造,积极推动生产工艺革新、流程再造和数字化智能化升级,组织重点企业提升用能精细化管理水平。十年来,规模以上工业单位增加值能耗累计下降超过36%,钢铁、电解铝、水泥、玻璃等单位产品综合能耗平均降幅达9%以上。

专栏1 工业领域节约高效用能加快推进

强化能效引领。提升重点行业能效标杆水平和基准水平,更新主要用能设备能效先进水平、节能水平和准入水平,推动大规模设备更新和消费品以旧换新。发布164家重点行业能效"领跑者"企业名单及先进能效指标。发布196家国家绿色数据中心名单,打造示范标杆。

实施分领域分行业节能降碳专项行动。深入开展重点用能单位能效诊断,加快钢铁、有色金属、石油化工、建材等重点行业节能降碳改造,推进锅炉、电机、变压器等用能设备更新。

实施工业节能监察和节能诊断服务。2016年以来,对3万多家工业企业开展国家专项工业节能监察,督促企业合理用能。为2万多家工业企业提供节能诊断服务,提出节能改造措施3.7万项。

推广绿色节能建筑。中国正处于全球规模最大的城镇化进程中,为避免形成高碳锁定效应,中国强化新建建筑节能标准要求,稳步推进既有建筑节能改造,加快发展超低能耗、近零能耗建筑。截至2023年底,累计建成节能建筑面积达326.8亿平方米,节能建筑占城镇既有建筑面积比例

超过64%，较2013年提升了近30个百分点，累计建成超低能耗、近零能耗建筑超过4370万平方米。

全方位构建清洁高效的交通运输体系。随着经济社会发展，物流、出行需求不断增加，交通用能还将持续增长。中国加快发展多式联运，提高铁路、水路在综合运输中的承运比重。深入推进城市公共交通优先发展，构建完善绿色出行服务体系，在城市客运领域推广应用新能源车辆。机动车排放标准与世界先进水平接轨，基本淘汰国三及以下排放标准汽车。运输能耗强度不断下降，2023年铁路单位运输工作量综合能耗较2013年下降约19%。大力发展充电基础设施网络，完善加氢、加气站点布局及服务设施。截至2023年底，累计建成充电基础设施近860万台，加氢站超过450座。

专栏2　充电基础设施网络体系加快构建

　　截至2023年底，中国建成充电基础设施约859.6万台，其中公共桩272.6万台，私人桩587万台，整体车桩比达到2.37∶1，建成世界上数量最多、服务范围最广、品种类型最全的充电基础设施体系。全国高速公路服务区和停车区累计建成充电桩2.1万个，高速公路沿线充电基础设施网络日益完善，公众绿色出行更加安全、便捷、高效。广东、广西、海南、江苏、湖北等12个省份实现了充电站"县县全覆盖"、充电桩"乡乡全覆盖"。

建设节约型公共机构。制定《公共机构节能条例》，积极开展节约型机关、节约型公共机构创建活动，推广采用合同能源管理方式实施节能技术改造，推动公共机构终端用能电气化，倡导绿色办公、绿色出行，优先采购绿色节能产品。截至 2023 年底，90%县级及以上机关单位建成节约型机关，创建节约型公共机构示范单位 5114 家。2023 年全国公共机构人均综合能耗较 2013 年下降 20.4%。

（三）培育绿色能源消费新模式

中国积极引导全社会优先使用绿色能源，大力弘扬勤俭节约的中华民族优秀传统，推动生活方式和消费模式向简约适度、绿色低碳、文明健康的方式转变。

促进可再生能源消费。实施可再生能源电力消纳责任权重制度，对各省（自治区、直辖市）行政区域设定年度可再生能源电力消纳责任目标，并监测评价其完成情况。建立可再生能源绿色电力证书制度，将绿色电力证书作为用能单位消费绿色电力的唯一凭证和环境属性的唯一证明。将绿电消费作为评价、认证和标识绿色产品的重要依据和内容，鼓励全社会优先使用绿色能源和采购绿色产品服务，鼓励具备条件的企业形成低碳零碳的能源消费模式。2022

年北京冬奥会、2023年杭州亚运会均实现100%使用绿色电力。

促进终端用能电气化低碳化。工业领域以生产加热、烘干、蒸汽供应等环节为重点,实施高温热泵、电加热等电能替代,推动化工、冶金领域可再生能源制氢示范应用。建筑领域广泛使用太阳能热水器、电炊事等,积极推进北方地区清洁取暖,推动以电力、天然气、生物质、地热、工业余热等清洁低碳能源替代燃煤供暖,2023年北方地区清洁取暖率近80%。交通运输领域大力推广新能源汽车,提升铁路电气化水平,推行船舶、飞机靠港使用岸电。截至2023年底,中国新能源汽车保有量超过2040万辆,全国铁路电气化比例达73.8%。全社会终端用能电气化率达28%,十年来电气化水平提升约7个百分点。

专栏3　北方地区冬季清洁取暖取得显著成效

中央财政累计投入资金1209亿元,带动地方各类投入超过4000亿元,有力支持各地因地制宜推进清洁取暖。截至2023年底,北方地区清洁取暖面积较2016年底增加107亿平方米,清洁取暖率提高46个百分点;京津冀及周边地区、汾渭平原 $PM_{2.5}$ 浓度较2016年分别下降41.1%、30.6%,重污染天数分别减少61.2%、41.8%,清洁取暖替代散煤对区域环境空气质量改善贡献率达30%以上,大幅提升了人民生活品质。

践行绿色低碳生活方式。节能降碳是一场贯穿整个社会的全民行动。中国积极倡导绿色低碳生活理念，深入开展绿色生活创建行动，推动全民持续提升节约意识。加大绿色低碳产品推广力度，组织开展全国生态日、全国节能宣传周、全国低碳日、世界环境日等主题宣传活动，全面普及节能理念和节能知识。鼓励公众绿色出行，优先选择公共交通、自行车和步行等绿色出行方式。组织 109 个城市开展绿色出行创建行动，其中考核达标城市 97 个，绿色出行比例达到 70%以上。

三、加快构建能源供给新体系

中国立足基本国情和发展阶段,把握好新能源和传统能源协调平衡,在保障能源可靠供应的同时推动能源转型。大力提升非化石能源的可靠替代能力,发挥化石能源支撑调节作用,加快构建多元清洁、安全韧性的能源供给新体系。

(一)推动非化石能源高质量发展

加快发展非化石能源是加强生态文明建设、推动经济社会绿色低碳发展、积极稳妥推进碳达峰碳中和的必然要求,是发展绿色生产力的必由之路。

推动风电、光伏发电跃升发展。中国风能、太阳能资源丰富,风电、光伏发电成为清洁能源的主力军。有序推进大型风电光伏基地建设,以库布其、乌兰布和、腾格里、巴丹吉林沙漠为重点,规划建设 4.5 亿千瓦大型风电光伏基地项目。推进海上风电规模化集群化发展,累计装机规模达

3728万千瓦。积极推进分布式新能源发展,开展"千乡万村驭风行动""千家万户沐光行动",推广农光互补、渔光互补、牧光互补等"光伏+农业"新模式,打开了农村新能源发展的广阔空间。截至2023年底,中国风电、光伏发电累计装机容量分别达4.41亿千瓦、6.09亿千瓦,合计较10年前增长了10倍。其中,分布式光伏发电累计装机容量超过2.5亿千瓦,占光伏发电总装机容量40%以上。

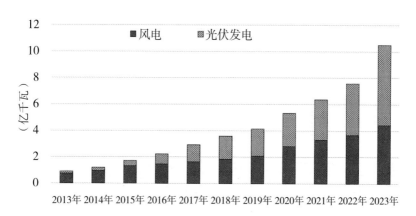

图1　中国风电、光伏发电累计装机容量(2013—2023年)

专栏4　"光伏+"拓展绿色发展新模式

　　持续探索光伏发电综合利用,打造出一批"光伏+农业""光伏+交通""光伏+防沙治沙"等模式,拓展了光伏发电开发利用新场景,助力全社会绿色发展。

　　山西临汾市屯里镇大型农光互补电站,装机容量3万千瓦,采用"光伏+农业"模式,实现棚下种植油用牡丹、棚上发电、一地两用,提高了土地综合利用率。

山东、江苏、陕西、安徽、四川等地,利用公路服务区、收费站、建筑屋顶与立面等,开发分布式光伏资源,打造低碳服务区,实现交通与光伏、景观相融合。

内蒙古鄂尔多斯市库布其200万千瓦光伏治沙项目,采用"板上发电、板下种植、板间养殖"的立体生态光伏治沙模式,可修复治理沙漠面积10万亩,年均减少向黄河输沙200万吨。

因地制宜开发水电。科学统筹水电开发和生态保护,有序推进大型水电基地建设和大型水电站升级改造。截至2023年底,常规水电装机容量达3.7亿千瓦。稳步推进小水电绿色改造和现代化提升,截至2023年底,近4000座小水电完成改造升级,生态综合效益显著提升。

专栏5　中国建成世界最大清洁能源走廊

2022年12月,白鹤滩电站实现全部机组投产发电,与长江干流上的其他5座大型梯级水电站——乌东德、溪洛渡、向家坝、三峡、葛洲坝电站"连珠成串",百余台水电机组接续运转,共同构成了世界最大清洁能源走廊。

清洁能源走廊跨越1800公里,水位落差超过900米,总装机容量超过7000万千瓦,相当于3个三峡水电站装机容量。2023年6座电站发电量超过2760亿千瓦时,相当于节约标准煤约8300万吨,对改善能源结构,助力实现碳达峰碳中和目标发挥了积极作用。

积极安全有序发展核电。核电是优质高效的清洁能源。中国始终将核安全作为核电发展的生命线，坚持采用最先进的技术、最严格的标准发展核电，在运核电机组长期保持安全稳定运行。沿海核电项目建设有序推进，代表"中国名片"的自主三代核电技术"华龙一号"首批机组陆续投运，"国和一号"示范工程正在建设，全球首座第四代核电技术商业电站高温气冷堆示范工程建成投运。核能清洁供暖、供热等综合利用取得突破，核能应用领域进一步拓展。截至 2023 年底，在运核电装机容量 5691 万千瓦，是 2013 年底的 3.9 倍；在运在建总装机容量 10033 万千瓦。

推动生物质能、地热能和海洋能发展。因地制宜推进生物质能多元化开发利用，稳步发展农林生物质发电、沼气发电和城镇生活垃圾焚烧发电，截至 2023 年底，生物质发电累计装机容量 4414 万千瓦。因地制宜推广生物质能清洁取暖，利用畜禽养殖废弃物等发展生物天然气。有序推广应用生物燃料乙醇、生物柴油等清洁液体燃料。中深层地热开发取得新突破，建成一批以地热能为主的集中供暖项目。海洋能规模化利用取得积极进展。

（二）促进传统能源和新能源协同发展

传统能源和新能源是互补、替代关系，大力发展新能源的同时，也要发挥好传统能源支撑和兜底保障作用，推动新能源和传统能源协同发展。

推动煤炭清洁高效开发利用。建立煤矿绿色发展长效机制，建设安全智能绿色现代化煤矿，实施矿区综合治理和生态环境修复，生态环境质量持续提升。十年来，全国原煤入洗率、矿井水综合利用率、土地复垦率均提高 10 个百分点以上。加强煤矿瓦斯综合治理和安全利用，瓦斯抽采利用对安全生产、资源利用、生态环保的综合效益不断显现。十年来，累计淘汰煤电落后产能超过 1 亿千瓦。积极推进煤电机组节能降碳改造、灵活性改造、供热改造"三改联动"，截至 2023 年底，95% 以上煤电机组实现了超低排放，50% 以上煤电机组具备深度调峰能力，电力行业污染物排放量减少超过 90%。

推动油气绿色转型发展。原油年产量稳定在 2 亿吨左右，天然气年产量连续七年增长超百亿立方米。推动绿色油气田建设，大力推进碳捕集、利用与封存（CCUS）技术，建设"近零"排放油气田示范区。推进石油炼化产业转型升

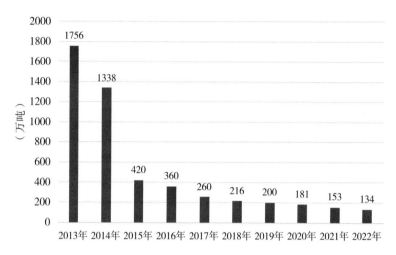

图2　中国电力行业污染物排放量大幅下降

级,加强可再生能源制氢、二氧化碳加氢制备化工产品等研发应用。科学规划、整体有序推进成品油质量升级工作,分阶段实现从国 III 到国 VI 的"三连升",成品油质量达到世界先进水平,用不到 10 年的时间走完了发达国家近 30 年的成品油质量升级之路。

专栏6　在化石能源领域开展碳捕集、利用与封存(CCUS)试点

中国石化集团齐鲁石化—胜利油田建成中国首个百万吨级 CCUS工程。项目捕集工业尾气二氧化碳,通过管道输送至胜利油田,利用二氧化碳驱油,在实现二氧化碳长期安全封存的同时,提升了低渗透油藏的原油采收率,驱油效率可提高 25%以上,采收率可提高 12%以上。

国家能源集团建成亚洲目前最大煤电 CCUS 工程,捕集能力 50 万吨/年。项目由中国自主设计、制造、安装,成功研制出具有低能耗、高容量、高稳定性特点的吸收剂,实现煤电机组烟气中二氧化碳的高纯度捕集,项目捕集到的二氧化碳应用于工业等领域。

推动传统能源和新能源协同发展。推动传统能源产业向综合能源系统转型,在资源富集地稳步实施风光水(储)一体化、风光火(储)一体化建设。在煤矿工业场地、采煤沉陷区、电厂闲置空地、油气矿区等区域建设新能源发电项目,通过开发海上风电为油气平台提供绿色电力,为传统能源生产开发、加工转换提供清洁用能。探索氢能管道输送,在传统加油站、加气站建设油气电氢一体化综合交通能源服务站。

专栏7 探索新能源与传统能源融合发展

中国石油吉林油田利用油田废弃井站场及周边空地,建成 15 万千瓦风电、光伏自发自用项目,就近接入油田电网。项目运行一年来,累计发电量 3.8 亿千瓦时,可满足该油田 22% 的用电量。

中国石化在新疆库车建成中国首个万吨级光伏制氢项目。项目光伏发电装机容量 30 万千瓦,制氢能力 2 万吨/年,储氢能力 21 万标准立方米,就近供应中国石化当地炼化企业。

中国海油"海油观澜号"是中国首座深远海浮式风电平台,装机容量 0.7 万千瓦,通过海缆接入文昌油田电网。年发电量可达 2200 万千瓦时,可满足该油田 7% 的用电量。

（三）提升能源系统韧性

随着新能源大规模发展和电力负荷特性变化,能源电力系统运行面临更多不确定性,亟须增强系统灵活调节能力,不断提升能源系统安全运行和抵御风险能力。

加强能源管网互联互通。为加强资源优化配置,中国加快建设横跨东西、纵贯南北、覆盖全国的能源网络基础设施,提升能源大范围远距离输送能力。形成"西电东送"北、中、南三大通道的跨省跨区输电格局,输电能力约3亿千瓦,建成20条特高压直流输电通道。不断完善区域电网主网架,形成以若干区域电网为主体、区域间有效互联的电网格局。基本形成油气"全国一张网",油气资源优化配置和互济互保水平显著提升。截至2023年底,全国长输油气管网总里程约19万公里,其中原油管道3.3万公里、成品油管道3.3万公里、天然气管道12.4万公里。

专栏8　西电东送促进电力资源大范围优化配置

实施西电东送跨省跨区输电,是中国保障电力安全可靠供应、促进能源绿色低碳转型、优化电力资源配置的有效途径。

增强了能源安全保障能力。2023年,西电东送输电能力约3亿千瓦,较2013年增长约130%。2013年至2023年,西电东送累计输送电量超过 9 万亿千瓦时。

促进了能源绿色低碳转型。2023 年,全国特高压直流输电通道输送可再生能源电量比重超过 55%,实现了西部清洁能源资源在全国更大范围优化配置。

推动了能源资源优势转化为经济优势。西电东送跨省跨区输电增进了东西部能源合作,有力推动西部能源资源优势转化为发展优势,支撑了中东部地区经济社会发展。

提高了电力技术装备水平。中国基本掌握了特高压核心装备制造和工程建设技术,依托西电东送跨省跨区输电工程建设,一大批电力科技创新示范项目加速落地,有力促进了发电和输电技术进步。

提升能源储备应急能力。进一步健全以企业储备为主体、政府储备为补充、产品储备与产能储备有机结合的煤炭储备体系。逐步形成政府储备与企业储备相结合、战略储备与商业储备并举的石油储备体系。加快构建地方政府、供气企业、管输企业、城镇燃气企业各负其责的多层次天然气储气调峰体系。十年来,中国天然气储气能力实现翻番式增长。加强能源应急能力建设,建立预测预警机制,制定应急预案,完善演练制度和应急调度机制,增强对各类突发事件的防范能力。

提升能源系统调节能力。深入实施煤电机组灵活性改造,合理布局天然气调峰电站,加快抽水蓄能电站建设,推进新型储能多元化发展。截至 2023 年底,具备灵活调节能力的火电装机容量近 7 亿千瓦, 抽水蓄能装机容量 5094 万千瓦, 新型储能规模 3139 万千瓦/6687 万千瓦时、平均储能时长 2.1 小时。强化网间互补互济能力, 挖掘可调节负荷、车网互动等需求侧响应能力。

专栏 9　探索新能源汽车与电网融合互动

中国积极探索新能源汽车与电网双向互动 (V2G), 通过充换电设施与供电网络相连, 发挥动力电池的灵活调节能力。

北京中再中心 V2G 示范项目, 是中国首个商业化应用的 V2G 项目, 配置 9 台 15 千瓦 (单台) 直流 V2G 充放电桩, 通过 V2G 向大楼放电, 增加新能源汽车用户收益, 降低大厦高峰用电负荷, 助力电网稳定运行。

江苏无锡车网互动验证基地项目, 是中国目前规模最大的 V2G 项目, 集成光储充等多种元素, 配置 50 台 60 千瓦 (单台) 直流 V2G 充放电桩, 在高峰用电时期实现兆瓦级放电。

四、大力发展能源新质生产力

随着全球能源绿色低碳转型快速推进，"技术就是资源"的趋势愈加明显。科技创新是加快能源转型、发展能源新质生产力的核心要素。中国深入实施创新驱动发展战略，围绕巩固延伸优势产业、改造提升传统产业、加快培育未来产业，推进能源产业链创新链协同发展，不断提升能源含"新"量。

（一）健全能源科技创新体系

坚持创新是第一动力，加强能源科技创新顶层设计和统筹布局，加快构建以企业为主体、市场为导向、产学研用深度融合的协同创新体系。

加强能源科技协同创新。围绕核电、油气等国家重大专项，先进可再生能源技术、储能和智能电网、氢能、煤炭清洁高效利用等重点研发计划，制定实施能源科技创新规划，强化科技创新顶层设计。建立健全能源领域全国重点实验室、国家工程研究中心、国家能源局研发创新平台,依托重大能源工程推进科技创新和成果转化,健全央地、政企、校企、院所等协同联动的能源重大技术装备攻关示范新模式。

激发创新主体活力。强化能源企业科技创新主体地位,推动龙头企业牵头组建创新联合体,打造原创技术策源地和现代产业链链长。实行能源领域重大科技项目"揭榜挂帅""赛马"等制度,有效激发研发主体创新活力。完善能源技术装备首台(套)支持政策,推进重大技术装备示范应用。支持创新型企业成长为创新发源地,完善扶持政策和公共服务体系,促进企业创新创业潜能充分释放。

(二) 加快能源转型科技创新

瞄准世界能源科技前沿,聚焦能源关键领域和重大需求,加强科技攻关,大力发展新能源技术及产业,推动传统能源产业绿色转型发展。

大力发展绿色能源技术。建成完备的风电、光伏全产业链研发设计和集成制造体系,高效晶体硅、钙钛矿等光伏电池技术转换效率多次刷新世界纪录,量产先进晶体硅光伏电池转换效率超过 25%。陆上风电机组最大单机容量突破 10 兆瓦,单机 18 兆瓦的海上风电机组顺利下线。水电设计、施工、设备制造全产业链体系全球领先,世界最大单机容量 100 万千瓦水电机组已在白鹤滩水电站投运。全面掌握"华龙一号""国和一号"等大型三代压水堆和高温气冷堆第四代核电技术,"玲龙一号"小型压水堆示范工程开工建设。智能电网技术处于世界前列,建成柔性直流输电等标志性工程。新型储能和氢能技术加快发展。

专栏 10　新型储能和氢能技术加快发展

新型储能:2016 年以来,中国新型储能由研发示范逐步向商业化发展过渡。新型储能技术呈现多元化发展态势。锂离子电池储能目前装机规模最大,以压缩空气储能、飞轮储能为代表的物理储能,以液流电池、钠离子电池为代表的电化学储能等技术发展迅速。300 兆瓦级压缩空气储能、百兆瓦级液流电池储能、单体兆瓦级飞轮储能、重力储能等新型储能技术示范稳步推进。独立储能、共享储能装机规模不断增大,工商业用户储能迅速发展。

氢能:碱性电解水制氢技术达到国际领先水平,单槽 3000 标准立方米/时碱性电解槽研制成功,兆瓦级质子交换膜电解水设备开展工程验证。

提升传统能源清洁高效利用水平。煤电行业推广应用超(超)临界燃煤发电、深度调峰技术等,环保和能效指标达到世界先进水平。油气领域二氧化碳驱油、水平钻井和

页岩气开发等先进油气勘探开采技术实现产业化应用,深海油气勘探开发技术取得显著进步,全球首座十万吨级深水半潜式生产储油平台"深海一号"投运,推动油气行业绿色转型升级。

(三) 打造能源产业升级新增长点

大力推进数字技术与能源产业深度融合,催生新技术、新业态、新模式,为能源产业基础高级化和产业链现代化插上腾飞的"翅膀"。

以数字化智能化技术推动能源产业转型升级。加快推动能源基础设施数字化智能化升级,大力推进智慧电厂、智能油气田、智能化煤矿建设,提升企业决策智能化水平、经营效益和服务质量。加快建设新型电力系统,源网荷储全链条各类主体信息共享,实现全景可感知、全局可控制、主配电网有效协同、各类电源实时调控,提升电力资源配置效率和系统安全运行水平。终端用能环节加快构建数字能源生态,建设智慧能源城市、智能社区(园区),提高用能系统协同调控及智能化水平,催生智慧用能新模式,以数字经济助推绿色消费升级。

能源数字化智能化转型带动能源企业提升了生产效率,降低了生产成本,能源安全保障能力增强。

智能化煤矿。中国因地制宜推进智能化煤矿建设,形成了一批典型应用场景,建成一批具有代表性的智能化示范煤矿,截至 2023 年底,累计建成智能化采掘工作面超过 2500 处。

智能油气田。中国石油累计建成数字化井 24.5 万口、场站 2.61 万座。长庆油田建成中国最大规模的油气生产物联网系统,油气水井、场站数字化覆盖率分别达 98.2%、100%,无人值守场站覆盖率超过 83%。

智慧电厂。主要发电集团的企业云平台基本建成,智能化设备和技术在发电机组监控、运行、巡检、燃料管理、安全管理等方面得到广泛应用,绝大部分新建发电机组以及部分现役机组已建成智能化基础设施。

智能电网。电网智能调度系统全面部署,绝大部分变电站通过远程控制管理实现无人值守,配电自动化覆盖率超 90%,机器人、无人机巡检普遍应用,已建成世界规模最大的广域电网动态监测系统,新能源云、电力需求侧管理等平台持续完善,支撑新型电力系统数字化、自动化、信息化应用需求。

　　培育能源新业态新模式。优化整合电源侧、电网侧、负荷侧资源,构建源网荷储高度融合、协同互动的供给新形态。结合工业、交通、建筑等典型应用场景,因地制宜建设智能微电网,促进新能源就地消纳。推进虚拟电厂建设,提升电力系统调节能力。推广天然气冷热电三联供、地热、分布式新能源、新型储能、余热利用等综合能源服务新模式,提高能源综合利用效率。

内蒙古乌兰察布电网友好型绿色电站项目,建设风电 170 万千瓦、光伏发电 30 万千瓦、电化学储能 55 万千瓦/110 万千瓦时。项目通过发挥储能调节、智慧调控作用,实现了风光储电站可控、可调、可支撑等功能,在充分消纳新能源的同时,提升了电力系统调峰能力,探索了新能源安全可靠替代路径。

广东深圳虚拟电厂智慧调度运行管理云平台项目,依托平台实体化、市场化、常态化运作虚拟电厂管理中心,打造以虚拟电厂为核心的源网荷互动体系,接入可调节负荷资源约 205 万千瓦、分布式光伏约 45 万千瓦,调节能力超 50 万千瓦。2023 年调节电量约 130 万千瓦时。

福建厦门 ABB 工业中心绿色微电网项目,采用智慧能源管理系统,构建了全要素直流微电网系统,并设计了离网运行模式,提升了园区的能源效率和可靠性。项目接入厦门市虚拟电厂运营平台,通过对负荷的柔性调控,能够对 20% 的负荷进行需求侧响应。项目实现用电成本整体下降 23%。

五、推进能源治理现代化

能源高质量发展需要大力推进能源治理现代化,加快形成与之相适应的新型生产关系。中国通过深化改革、完善政策、规划引领、法治保障等多种手段,充分发挥市场在资源配置中的决定性作用,更好发挥政府作用,为能源绿色低碳转型营造良好的发展环境。

(一)构建公平开放、有效竞争的能源市场

深入推进能源市场化改革,加快构建有效竞争的市场结构和市场体系,完善主要由市场决定能源价格的机制,强化统一大市场建设,打通能源市场"梗阻",推动市场高效畅通运行,为各类经营主体营造稳定公平透明可预期的良好环境。

持续深化能源市场化改革。电网统购统销局面基本打破,发电和售电环节全面引入市场竞争,配电环节引入社会资本投资,综合能源服务商、虚拟电厂、新型储能企业等新

型主体蓬勃发展。民营企业成为新能源产业的主要力量，中国风电整机制造企业中民营企业约占 60%，光伏设备制造企业绝大部分是民营企业。油气体制改革不断深化，组建国家管网公司，逐步形成上游油气资源多主体多渠道供应、中间统一管网高效集输、下游销售市场充分竞争的市场格局。

建设全国统一的能源市场。加快建设全国统一电力市场体系，省、区域、省间交易高效协同，中长期、现货、辅助服务交易有机衔接。组建电力交易中心、石油天然气交易中心和煤炭交易中心，搭建公开透明、功能完善的能源交易平

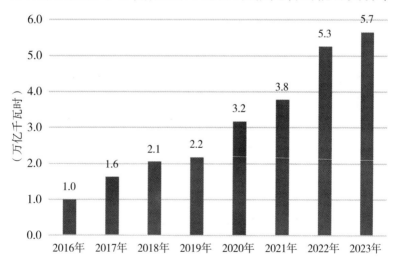

图 3　全国市场化交易电量（2016—2023 年）

台。全国市场化交易电量占全社会用电量比重由 2016 年的 17%提高到 2023 年的 61.4%,2023 年风电光伏市场化交易电量占风电光伏总发电量的 47%,有力促进了电力资源的优化配置和可再生能源的高效利用。

专栏 13　全国统一电力市场体系建设加快推进

　　形成多层次电力市场体系。省域市场建设持续深化,中长期和辅助服务交易实现全覆盖,山西、广东、山东现货市场转入正式运行,甘肃、内蒙古西部等现货市场实现长周期结算试运行,其他地区也在开展现货市场实践探索。跨省跨区市场化交易不断扩大,南方区域电力市场开展结算试运行。

　　市场覆盖范围不断扩大。煤电、气电、核电、可再生能源发电有序参与市场交易,市场交易主体扩大到虚拟电厂、独立储能等新型主体。在电力交易机构注册的交易主体数量由 2016 年的 4.2 万家增长至 2023 年的 74.3 万家。

　　完善能源价格形成机制。深化能源价格市场化改革,有序推动各类电源参与市场,不断完善新能源上网电价政策体系,全面放开工商业销售电价。建立煤电容量电价机制,推动煤电由基础性电源向支撑性调节性电源转变。出台系列促进节能减排的高耗能行业阶梯电价政策,完善分时电价政策,引导用户削峰填谷、错峰用电。构建起以"准许成本+合理收益"为核心、激励约束并重的自然垄断环节

价格监管体系。健全灵活反映国际市场原油价格和国内供需形势变化的成品油价格形成机制。有序推进天然气门站价格市场化改革。煤炭中长期合同制度和市场价格形成机制不断完善。

（二）加强政府引导和服务

加快推进政府职能转变，发挥国家发展规划的战略导向作用，加强财税、投融资等宏观政策协调配合，加强市场监管，优化公共服务，确保在能源转型中实现效率和公平有机统一。

强化规划引领。实施能源生产和消费革命战略，制定能源发展中长期规划、五年规划以及可再生能源发展等系列专项规划，对能源绿色低碳发展进行总体部署，发挥规划对能源转型、重大能源项目布局、公共资源配置、社会资本投向的导向作用。加强能源与生态环保、国土空间等领域规划衔接，强化绿色低碳转型的要素保障。

加强政策支持。适应绿色低碳转型需要，健全清洁能源相关标准体系。制定绿色低碳转型产业指导目录，根据目录制定完善产业支持政策。加大中央预算内投资、地方政府专项债券、国家绿色发展基金等对清洁低碳能源项目支持力度。构建绿色金融体系,引导金融机构在市场化法治化原则下加大绿色贷款投放,支持企业发行绿色债券。优化清洁低碳能源项目核准和备案流程,简化分布式能源投资项目管理程序。

专栏14　适应绿色低碳转型的能源标准体系建设

完善能源标准化政策体系。服务能源高质量发展目标任务,围绕化石能源清洁化、非化石能源规模化、能源系统数字化智能化、能源消费绿色化需求,加强标准体系规划建设。成立130多个能源领域标准化技术委员会,基本实现能源行业各领域全覆盖。

提升能源标准化工作效能。累计发布能源领域国家标准约4000项、行业标准11000余项。建成能源标准化信息平台,实现能源标准全生命周期管理。

加强能源标准化国际合作。支持能源企业、科研机构、社会团体等参与国际电工委员会(IEC)、国际标准化组织(ISO)、国际电信联盟(ITU)等机构标准制定工作。累计发布能源标准外文版500余项。服务"一带一路"能源国际合作,在新能源、输变电、油气、核电等领域开展标准化交流合作。

提升监管效能。健全能源领域自然垄断环节监管制度,推动电网、油气管网设施向第三方无歧视公平开放。持续对市场交易、价格机制、信息披露等加强监管,及时纠正扰乱市场秩序行为,确保市场规则有效执行。加强能源重大规划、政策、项目落实情况监管,加大可再生能源消纳保

障、调节性电源建设运营、农村电网巩固提升等方面监管力度。创新能源监管方式,建立以信用为基础的新型监管机制,推广"互联网+"监管。建立健全大电网安全风险管控、电力应急、大坝安全、网络安全风险管控等电力安全监管体系,确保电力系统安全稳定运行和电力可靠供应。

(三) 加强能源转型法治保障

坚持科学立法、严格执法、公正司法,发挥法治固根本、稳预期、利长远的保障作用,提升能源治理法治化水平。

健全法律制度体系。中国建立了以节约能源法、可再生能源法为基础,以清洁生产促进法、循环经济促进法、碳排放权交易管理暂行条例等为重要支撑的能源转型法律制度体系。推进生态环境法典编纂,加快制定能源法,修订可再生能源法、电力法,进一步健全促进绿色生产和消费的法规制度体系,强化节约用能、提升非化石能源发展目标、优先使用可再生能源、促进绿色能源消费等激励约束制度。

提升依法行政水平。深入推进法治政府建设,将法治贯穿于能源战略、规划、政策、标准的制定实施和监督管理全过程。在能源领域全面推行行政执法公示制度、全过程记录制度、重大执法决定法制审核制度,健全行政裁量权基准制度,严格规范公正文明执法。深化行政复议制度改革,优化行政复议受理程序、证据规则、审理模式,依法保障企业和人民群众在能源生产和消费活动中的合法权益。深入开展能源法治宣传教育,全面落实"谁执法谁普法"普法责任制,促进全社会自觉履行绿色消费义务。

加强能源司法服务。全方位完善能源高质量发展的司法服务举措,以公正司法推动实现碳达峰碳中和目标。最高人民法院设立环境资源审判庭,全国共有 2800 个环境资源专门审判机构、组织,专门审理与生态文明法治建设相关的案件。发布相关司法解释和指导意见,明确法院在审理能源转型相关案件中的法律适用和裁判规则指引。

六、助力构建人类命运共同体

维护能源安全、应对气候变化,是全球面对的共同挑战,加快能源绿色低碳发展是全球共同机遇。中国在持续推进自身能源转型的同时,积极做全球能源转型的推动者、贡献者,坚持共商共建共享,与各国共谋全球能源可持续发展,为推动建立公平公正、均衡普惠的全球能源治理体系贡献中国力量。

(一) 中国为全球绿色发展提供新动能

中国积极践行绿色发展理念,坚定不移推进发展方式转变,广泛开展能源国际合作,为全球绿色发展注入"中国动力"。

中国能源绿色发展成为全球能源转型的引擎。2013年以来,中国可再生能源新增装机年均占全世界可再生能源新增装机的 40% 以上,2023 年新增装机占全世界新增装机的一半以上。国际能源署(IEA)发布的《2023 年可再生能源》报告指出,中国是全球可再生能源领域的领跑者,也是全球可再生能源快速大规模增长的主要驱动力。2014年至2023年,全球非化石能源消费占比从13.6%增长至18.5%,其中,中国非化石能源消费增量的贡献率为45.2%。

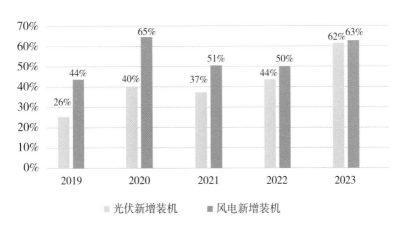

图4 中国在全球新能源新增规模中占比(2019—2023年)

中国新能源产业为全球提供绿色动力。中国依托持续的技术创新、完善的产业链供应链体系、充分的市场竞争、超大规模的市场优势实现了新能源产业快速发展,丰富了全球供给、缓解了全球通胀压力,为世界各国共同应对气候变化、增进人类福祉作出了贡献。中国生产的光伏组件和风电装备为可再生能源在越来越多国家广泛经济利用创造了条件。国际可再生能源署报告指出,过去10年间,全球风电和光伏发电项目平均度电成本分别累计下降超过了60%和80%,这其中很大一部分归功于中国的贡献。

中国扩大开放为深化清洁能源国际合作创造新机遇。中国持续打造市场化、法治化、国际化一流营商环境,积极促进能源贸易和投资自由化便利化,为外资企业共享中国能源转型红利提供机遇。全面实行准入前国民待遇加负面清单管理制度,除核电站以外的能源领域外商投资准入已全面放开。出台鼓励外商投资产业目录,加大对清洁能源等领域外商投资的政策支持力度。通用电气、碧辟、西门子等跨国公司在中国能源投资规模稳步增加,法国电力集团海上风电项目、上海特斯拉电动汽车制造项目、南京 LG 新能源电池项目等外资项目相继在中国落地。

(二)推动共建"一带一路"绿色能源合作

中国坚持共商共建共享原则,秉持开放、绿色、廉洁理念,以高标准、可持续、惠民生为目标,同各国在共建"一带一路"框架下持续深化能源转型合作,将"绿色"打造为"一带一路"能源合作底色,共同实现可持续发展。

持续推动"一带一路"绿色能源合作。中国发布《关于推进共建"一带一路"绿色发展的意见》等政策文件,与共建"一带一路"国家积极拓展绿色能源领域合作。2021年，中国宣布不再新建境外煤电项目，绿色低碳能源已成为中国在共建国家能源合作重点。中国与100多个国家和地区开展绿色能源项目合作，一大批标志性能源项目和惠民生的"小而美"项目落地生根，有效解决了所在国用电难、用电贵等问题，为所在国提供了清洁、安全、可靠的能源供应方案。

专栏15　共建"一带一路"绿色能源合作典型案例

巴基斯坦卡洛特水电站，中巴经济走廊能源合作优先实施项目，由中国企业投资建设和运营。项目总装机容量72万千瓦，多年平均年发电量32亿千瓦时，可满足当地500多万人的绿色用电需求。

埃塞俄比亚阿达玛风电项目，埃塞俄比亚首个风电项目，也是中非在新能源领域的首个政府间合作项目，由中国企业承建并提供融资支持。项目总装机容量20.4万千瓦，平均每年可为当地提供6.3亿千瓦时的绿色电力，有力提升当地电力供应水平。

阿联酋宰夫拉光伏电站，目前已建成的世界最大单体光伏电站，由中国企业承建。项目总装机容量210万千瓦，发电量可以满足阿联酋约20万户家庭用电需求，助力阿联酋清洁能源比重提高至13%以上。

阿根廷高查瑞光伏电站，南美海拔最高、装机容量最大的光伏电站，由中国企业承建。项目总装机容量31.5万千瓦，年发电量约6.5亿千瓦时，为当地25万个家庭提供清洁能源，推动当地实现电力自给自足。

共同打造高水平能源合作平台。中国倡导建立"一带一路"能源合作伙伴关系，成员国已达到33个，覆盖亚洲、

非洲等六大洲。推动中国—东盟、中国—阿盟、中国—非盟、中国—中东欧、中国—中亚和亚太经济合作组织（APEC）可持续能源中心等6大区域能源合作平台落地见效。成立上海合作组织能源部长会议机制。聚焦能源安全、能源转型、能源可及和能源可持续发展议题，为全球能源治理变革贡献中国方案。

（三）共同促进全球能源可持续发展

近年来，国际形势趋于复杂，各种形式的绿色壁垒增多，维护全球能源产业链供应链稳定和开放条件下的能源安全困难增大。面对新情况新变化，中国作为负责任的发展中大国，愿同世界各国共同完善清洁能源产业链供应链，共享知识和经验，携手推进能源绿色低碳转型，为全球能源可持续发展、构建人类命运共同体作出不懈努力。

——共同深化能源转型务实合作。中国坚持开放合作、互利共赢，积极推动落实全球发展倡议。中国致力于推动完善能源领域双多边合作机制，加强能源转型政策和经验交流，促进绿色低碳技术合作和能力建设，以绿色能源点亮美丽世界。中国反对泛化国家安全，以各种名目限制正常的国际发展合作。中国愿与国际社会一道，面向更广阔的领域,共同探索造福人类的新型能源,共创可持续的能源未来。

——共同维护全球能源产业链供应链稳定畅通。中国始终坚持真正的多边主义,反对任何形式的单边主义、贸易保护主义,反对各种形式的"脱钩断链""小院高墙",致力于维护全球能源产业链供应链稳定畅通。中国愿与各国加强对话沟通,共同促进贸易和投资自由化便利化,共同构筑安全稳定、畅通高效、开放包容、互利共赢的全球能源产业链供应链体系。大国更应着眼于地球和人类的未来,以负责任的态度保障全球能源安全、促进绿色发展、维护市场秩序,彰显大国责任与担当。

——共同提升全球能源可及性。消除贫困是国际社会的共同责任,保障电力等能源供应是欠发达地区消除贫困、减少差距的基础条件。中国实施了人类历史上规模最大、力度最强、惠及人口最多的脱贫攻坚,彻底消除了绝对贫困。中国愿与各国一道采取实际行动,落实联合国2030年可持续发展议程,帮助欠发达国家和地区提升能源供应保障能力,支持有关国家推广应用可再生能源等清洁电力,实现"确保人人获得负担得起、可靠和可持续的现代能源"发展目标。

——共同应对全球气候变化挑战。地球是人类赖以生存的家园,气候变化是各国面临的共同挑战。中国坚定实施积极应对气候变化国家战略,宣示了碳达峰碳中和目标,用实际行动为全球应对气候变化作出贡献。中国将携手各国坚持公平、共同但有区别的责任和各自能力原则,落实《巴黎协定》目标任务,构建公平合理、合作共赢的全球气候治理体系。发达国家应当为发展中国家提供部署可再生能源的资金、技术、能力建设支持,帮助广大发展中国家应对能源供应安全和绿色低碳转型双重挑战,共同迈向更加绿色、包容、可持续的未来。

结　束　语

回首十年,中国坚定不移走绿色低碳的能源转型之路,取得了显著成效。但是,能源转型是一场广泛而深刻的经济社会系统性变革,是一项长期的战略性任务,需要在能源安全新战略的指引下稳中求进、久久为功。

中国制定了中长期发展规划,到 2035 年,中国将基本实现社会主义现代化,能源绿色生产和消费方式广泛形成,非化石能源加速向主体能源迈进,新型电力系统为能源转型提供坚强支撑,美丽中国目标基本实现。本世纪中叶,中国将全面建成社会主义现代化强国,清洁低碳、安全高效的新型能源体系全面建成,能源利用效率达到世界先进水平,非化石能源成为主体能源,支撑 2060 年前实现碳中和目标。

地球是人类共同家园,一个天更蓝、山更绿、水更清的清洁美丽世界是地球村民共同的期盼。应对气候变化挑战,实现能源的可持续利用,需要加快全球能源转型步伐,这场绿色革命关乎每个人的福祉,关乎子孙后代,各国应携起手来,共同呵护好人类赖以生存的地球家园。

中国尊重自然、顺应自然、保护自然,始终秉持构建人类命运共同体理念,加快能源绿色低碳发展,推动建立公平公正、均衡普惠的全球能源治理体系。中国愿与国际社会一道,共商能源合作大计,共同应对全球气候变化,共同推进人与自然和谐共生,共建清洁美丽地球家园。

责任编辑：刘敬文　祝曾姿

图书在版编目（CIP）数据

中国的能源转型 ／ 中华人民共和国国务院新闻办公
室著. -- 北京 ： 人民出版社，2024. 8. -- ISBN 978‒7‒01‒
026757‒9

Ⅰ. F426. 2

中国国家版本馆 CIP 数据核字第 20247J5Y82 号

中国的能源转型
ZHONGGUO DE NENGYUAN ZHUANXING

（2024 年 8 月）

中华人民共和国国务院新闻办公室

人民出版社 出版发行
（100706　北京市东城区隆福寺街 99 号）

中煤（北京）印务有限公司印刷　新华书店经销

2024 年 8 月第 1 版　2024 年 8 月北京第 1 次印刷
开本：850 毫米×1168 毫米 1/32　印张：1. 75
字数：28 千字

ISBN 978‒7‒01‒026757‒9　定价：5. 50 元

邮购地址 100706　北京市东城区隆福寺街 99 号
人民东方图书销售中心　电话（010）65250042　65289539